50

COSAS QUE NOS
ENSEÑAN LOS PERROS

Publicado por The Republic of Words
www.therepublicofwords.com
Miami, FL

© Del diseño editorial: 2022, Jhon Simancas

Crédito de las imágenes:
#1 Shutterstock Seregraff, #2 Unsplash Mitchell Luo, #3 Shutterstock Cindy Hughes, #4 Unsplash Isabel Vittrup, #5 Unsplash Linda Mynhardt, #6 Shutterstock Everett Collection, #7 Unsplash Leio Mclaren, #8 Shutterstock Schankz, #9 Shutterstock Reshetnikov_art, #10 Shutterstock Noska Photo, #11 Shutterstock Harbachova Yuliya, #12 Shuttestock. Joshua Kirk, #13 Shutterstock Lana Kray, #14 Shutterstock Diablo Gato, #15 Unsplash Charles Deluvio, #16 Unsplash James Watson, #17 #Shutterstock Judith Photo, #18 Unsplash Dasha Urvachova, #19 Shutterstock Black Lemon, #20 Unsplash Rafael Forseck, #21 Unsplash Caleb Woods, #22 Shutterstock Denisa V, #23 Shutterstock Mariano Gaspar, #24 Shutterstock Giocalde, #25 Unsplash Max Kleinen, #26 Shutterstock VirtualShutter, #27 Shutterstock Denis Moskvinov, #28 Unsplash Eve, #29 Unsplash Anthony Duran, #30 Unsplash Ja San Miguel, #31 Shutterstock Alex Zotov, #32 Shutterstock Javier Brosch, #33 Unsplash Abbey Graves, #34 Unsplash Anthony Duran, #35 Unsplash Florian Roost, #36 Unsplash Darinka Kievskaya, #37 Shutterstock Steven Bognar, #38 Shutterstock Uryupina Nadezhda, #39 Shutterstock Smrm1977, #40 Shutterstock Bazelyuk Evgeniya, #41 Unsplash Yehor Tulinov, #42 Shutterstock Eudyptula #43 Shutterstock Seregraff, #44 Unsplash Anusha Barwa, #45 Shutterstock Rita Kochmarjova, #46 Unsplash Myriam Jessier, #47 Shutterstock Javier Brosch, #48 Shutterstock RN23W, #49 Unplash Cole Wyland, #50 Shutterstock_Victor Santacruz, #51 Shutterstock Alex Zotov,

Patitas de animales: Freepik.com. Elementos decorativos de la portada y del libro han sido diseñadas usando imágenes de Freepik.com

¿Buscas más inspiración?
Visita: www.Historiasdeperros.com y www.50cosasque.com

Impreso en Estados Unidos de América

50

COSAS QUE NOS ENSEÑAN LOS PERROS

MARIANELA TOLEDO

"Respecto a los perros, nadie que no haya convivido con ellos conocerá nunca, a fondo, hasta dónde llegan las palabras generosidad, compañía y lealtad".

Arturo Pérez-Reverte,
Perros e hijos de perra.

Que hay tantos motivos
para ser felices.

Una mirada lo dice todo.

A ser valientes.

Y dejar el
rencor a un lado.

Aunque a veces,
haya que pedir perdón.

A defender
lo que queremos.

El significado de la lealtad.

– 8 –

A no juzgar.

A confiar.

A ayudar.

A creer.

¿Los años?
Son solo un número.

A acompañar.

El amor a primera vista.

– **15** –

A vivir en el presente.

Las emergencias existen.

– 17 –

A compartir.

Eres importante.

– 19 –

A siempre estar listo para una aventura.

*

— 20 —

*

A aceptarnos como somos.

*

🐾 🐾 🐾

¿Raza?
¿De qué hablas?

A seguir el instinto.

— 23 —

¿Impedido?
¿Qué es eso?

El fin, a veces,
justifica los medios.

¿Dieta?
¡No, Gracias...!

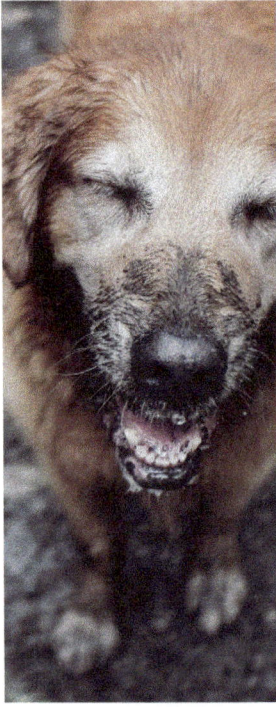

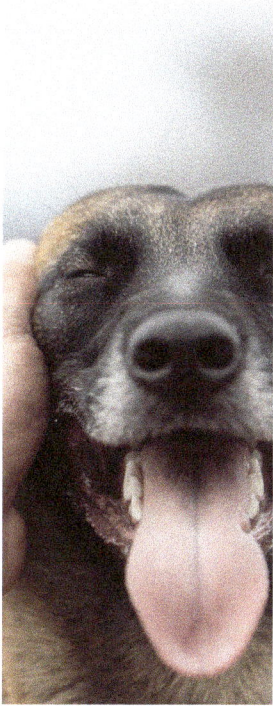

La paciencia
es una virtud importante.

¿Divertirse?
Puede ser un trabajo sucio.

El agua en verdad,
no moja.

Siempre es un buen momento para darse un chapuzón.

Los días soleados
son hermosos...

- 31 -

Y los lluviosos también.

Hay que buscar tesoros.

Divertirse es cosa seria.

El deporte es,
esencialmente, importante.

- 35 -

¿Definición de juguete?
Todo.

– 36 –

Hay que insistir
en lo que uno quiere.

— 37 —

Ser independientes.

— 38 —

Casi todo puede aprenderse.

— 39 —

El valor de las cosas materiales, es relativo.

A esperar lo mejor.

— 41 —

A estar alerta
ante los intrusos.

— 42 —

Y atento a la
voz de mando.

A ser obedientes.

*

— 44 —

*   Un completo extraño
    puede convertirse
    en familia.

*

Hay lugar para todos.

A no perder de vista
el objetivo.

La amistad es fundamental.

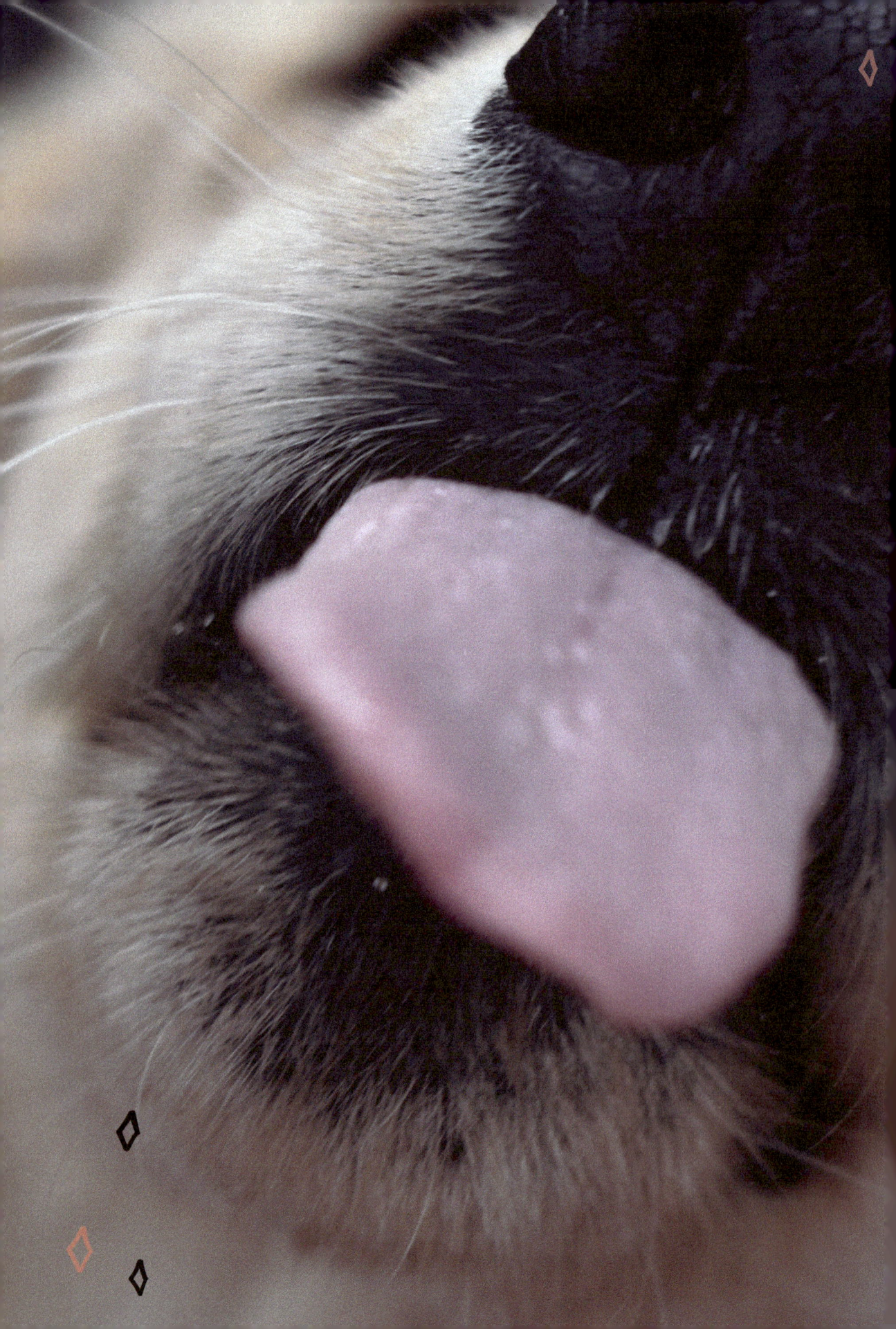

— 48 —

No hay límite
para los besos.

– 49 –

A ser agradecidos.

– **50** –

El amor incondicional.

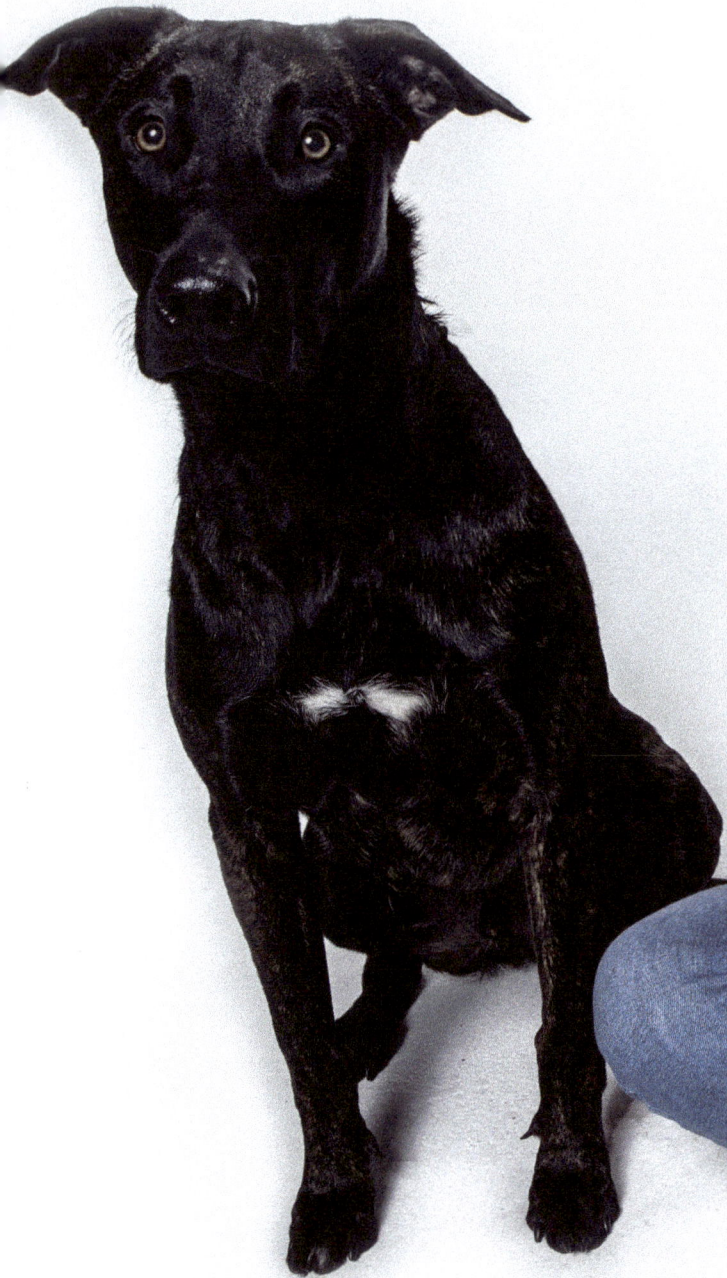

DEDICADO A JEKYLL & HYDE